Mix
Genuss

ZU ZWEIT
GENIESSEN

REZEPT-
ÜBERSICHT

Beilage:

SALATE

Kohlrabi-
RADIESCHEN-SALAT

ZUTATEN

1 Stiel	Dill
1 Stiel	Zitronenmelisse
120 g	Sahne
250 g	Kohlrabi, in Stücken
1 Bund	Radieschen
1	Apfel, geviertelt (z.B. Elstar, ca. 150 g)
½	Zitrone, Saft davon
etwas	Salz & Pfeffer
1 Prise	Zucker

Dill und Melisse entstielen und im Mixtopf **3 Sek./Stufe 8** zerkleinern. Sahne zugeben und auf **Stufe 3** halb steif schlagen (ca. 1:10 Min.). Umfüllen.

Alle restlichen Zutaten in den Mixtopf geben und **5 Sek./Stufe 4** zerkleinern. Kräutersahne zugeben und **5 Sek./ /Stufe 2** vermengen.

4 Portionen (Pro Portion: 136 kcal | 10 g KH | 3 g EW | 9 g Fett)

5

BROKKOLISALAT
mit Mango

ZUTATEN

200 g	Brokkoli
125 g	Mozzarellabällchen
50 g	Cashewkerne
15 g	Honig
20 g	Olivenöl
10 g	Apfelessig
etwas	Salz & Pfeffer
150 g	Mango (Dose)

Brokkoli im Mixtopf **3 Sek./Stufe 4** zerkleinern. Restliche Zutaten (außer Mango) zugeben und **4 Sek./Stufe 4** zerkleinern.

Mango in Streifen schneiden, zugeben und **2 Sek./ /Stufe 3** vermengen.

3 Portionen (Pro Portion: 337 kcal | 17 g KH | 14 g EW | 23 g Fett)

GURKENSALAT

ZUTATEN

300 g	Salatgurke
½ Bund	Dill
100 g	Naturjoghurt, 3,5 % Fett
1 TL	Olivenöl
1 Prise	Zucker
etwas	Salz & Pfeffer
1 EL	Apfelessig

Gurke hobeln oder in feine Scheiben schneiden. In eine Schüssel geben. Dill in den Mixtopf geben und **5 Sek./Stufe 8** zerkleinern.

Alle weiteren Zutaten zugeben und **10 Sek./Stufe 4** verrühren. Dressing zu den Gurken geben und miteinander vermengen.

3 **Portionen** (Pro Portion: 48 kcal | 4 g KH | 4 g EW | 2 g Fett)

GEMÜSESALAT

ZUTATEN

100 g	Weißkraut
1 Stange	Staudensellerie (30 g)
50 g	Karotten
1	kl. Kohlrabi (140 g)
1	rote Paprika (ca. 115 g)
½ Bund	Schnittlauch
1	Frühlingszwiebel
½	Limette, Saft davon
70 g	Mais (Dose)
30 g	Sonnenblumenkerne
20 g	Weißweinessig
20 g	Walnussessig
1 TL	Senf, mittelscharf
etwas	Salz & Pfeffer
1 Prise	Zucker

Weißkraut, Sellerie, Karotten, Kohlrabi und Paprika in Stücke schneiden, in den Mixtopf geben und **8 Sek./Stufe 4** zerkleinern.

Schnittlauch und Frühlingszwiebel in Röllchen schneiden und zugeben. Restliche Zutaten zugeben und **10 Sek./ ⟲ /Stufe 2** vermengen.

4 **Portionen** (Pro Portion: 145 kcal | 9 g KH | 4 g EW | 9 g Fett)

SÜSSKARTOFFEL-AUFLAUF

Zutaten

60 g	Cheddar		300 g	Hackfleisch, gemischt
1	Knoblauchzehe		etwas	Salz & Pfeffer
1 EL	Öl		etwas	Öl zum Anbraten
200 g	Milch, 1,5%			
½ TL	Muskat, gem.		1 geh. EL Speisestärke	
½ TL	Salz		2 EL	Wasser
¼ TL	Pfeffer, gem.			
1 Prise	Zucker		125 g	Feta
1 Prise	Paprikapulver, rosenscharf			
1 TL	Kräuter der Provence, getr.		**Zubehör:** Auflaufform (oval 24 x 18 cm)	
250 g	Süßkartoffeln			

Zubereitung

Cheddar im Mixtopf **6 Sek./Stufe 7** reiben und umfüllen.

Knoblauch im Mixtopf **5 Sek./Stufe 6** zerkleinern. Mit dem Spatel nach unten schieben. Öl zugeben und **2 Min./120°C/Stufe 1** dünsten. Milch und Gewürze zugeben und **3 Min./90°C/Stufe 3** erhitzen. Backofen auf 200°C Ober-/Unterhitze vorheizen.

In der Zwischenzeit Kartoffeln schälen und in dünne Scheiben hobeln. Kartoffelscheiben in den Mixtopf zugeben und **4 Min./90°C/ /Sanftrührstufe** OHNE eingesetzten Messbecher vorgaren. In der Zwischenzeit das Hackfleisch mit Salz und Pfeffer würzen und in einer Pfanne mit etwas Öl krümelig anbraten.

Speisestärke mit Wasser in einer Tasse anrühren, in den Mixtopf geben und **1 Min./90°C/ /Sanftrührstufe** erhitzen. Cheddar zugeben, mit dem Spatel unterheben und zusammen mit dem angebratenen Hack in einer Auflaufform vermengen und gleichmäßig verteilen. Feta über den Auflauf bröseln und im vorgeheizten Backofen 25-30 Min. backen.

3 Portionen (Pro Portion: 602 kcal | 25 g KH | 34 g EW | 41 g Fett)

ONE POT PASTA "al forno"

One-Pot!

Zutaten

1	Knoblauchzehe
½	rote Zwiebel
15 g	Öl
250 g	Hackfleisch, gemischt
20 g	Tomatenmark
etwas	Salz & Pfeffer
400 g	Wasser
70 g	passierte Tomaten
1 TL	ital. Kräuter, getr.
½ TL	Salz
½ TL	Pfeffer, gem.
½ TL	Paprikapulver, rosenscharf
½ TL	Gemüsebrühpulver
200 g	Tortiglioni
	(Kochzeit: 12 Min., z.B. von Barilla)
60 g	Erbsen, TK
2 TL	geriebener Parmesan
	zum Servieren

Zubereitung

Knoblauch und Zwiebel im Mixtopf **5 Sek./Stufe 5** zerkleinern. Öl zugeben und
1 Min./Varoma/Stufe 1 erhitzen. Hack, Tomatenmark, Salz und Pfeffer zugeben und
4:30 Min./100°C/ /Sanftrührstufe andünsten.

Wasser, passierte Tomaten und Gewürze zugeben und **3:30 Min./100°C/ / Sanftrührstufe**
erhitzen. Nudeln und Erbsen einwiegen und **13 Min./100°C/ /Sanftrührstufe** garen.

Anschließend umfüllen und mit Parmesan bestreut servieren.

2 Portionen (Pro Portion: 789 kcal | 80 g KH | 40 g EW | 33 g Fett)

Gratinierte
GEMÜSE-TORTELLINI

Tipp:

Wer es gerne etwas herzhafter mag, tauscht den Mozzarella gegen würzigen Bergkäse.

Zutaten

125 g	Mozzarella
1	rote Spitzpaprika
1 Dose	Gemüsemais
	(Abtr.gew. 125 g)
300 g	Tortellini mit Spinat-
	Ricotta-Füllung (Kühlregal)

Zubehör: 1 große oder 2 kleine
Auflaufformen (ca. 20 x 11 cm)

Für die Sauce:

1	Knoblauchzehe
1	kl. Zwiebel, halbiert
1 Handvoll Petersilie	
10 g	Öl
130 g	Kochsahne
30 g	Crème fraîche
1	Ei
1 TL	Currypulver
1 TL	Gemüsebrühpulver
½ TL	Pfeffer, gem.

13

Zubereitung

Backofen auf 180 °C Umluft vorheizen.
Mozzarella im Mixtopf **4 Sek./Stufe 4** reiben und umfüllen.

Spitzpaprika in Stücke schneiden und Mais abtropfen lassen. Zusammen mit den Tortellini in eine Auflaufform oder in zwei kleine Formen geben.

Knoblauch, Zwiebel und Petersilie im Mixtopf **5 Sek./Stufe 5** zerkleinern. Mit dem Spatel nach unten schieben. Öl zugeben und **2 Min./120°C/Stufe 1** dünsten.

Restliche Zutaten für die Sauce in den Mixtopf geben und **10 Sek./Stufe 4** vermengen. Sauce über die Tortellini-Gemüse-Mischung in die Auflaufform geben, mit Mozzarella bestreuen und 13-15 Min. im vorgeheizten Backofen überbacken.

2 Portionen (Pro Portion: 749 kcal | 64 g KH | 33 g EW | 39 g Fett)

SPAGHETTI

„Coleslaw-Style"

Zutaten

40 g	Parmesan
3	Knoblauchzehen
1 kl. Handvoll Petersilie	
50 g	Olivenöl
500 g	Wasser, lauwarm
1 TL	Salz
100 g	Karotten
150 g	Weißkohl (Kopf)
1	rote Zwiebel
230 g	Spaghetti
etwas	Öl zum Anbraten
1 TL	brauner Zucker
etwas	Salz & Pfeffer

Tipp:

Wer es gerne etwas schärfer mag, gibt beim Zerkleinern des Knoblauchs und der Petersilie noch eine Chilischote hinzu.

Zubereitung

Parmesan in Stücken in den Mixtopf geben und **8 Sek./Stufe 8** reiben. Umfüllen. Knoblauch und Petersilie in den Mixtopf geben und **5 Sek./Stufe 5** zerkleinern. Mit dem Spatel vom Mixtopfrand nach unten schieben. 30 g vom Olivenöl zugeben und **2 Min./120°C/Stufe 1** andünsten. Wasser und Salz zugeben und **5 Min./100°C/Stufe 1** aufkochen. In der Zwischenzeit Karotten in dünne Scheiben, Kohl in Stifte und Zwiebel in feine Ringe schneiden.

Sobald das Wasser im Thermomix aufgekocht ist, Messbecher abnehmen. Thermomix auf **13 Min./100°C/ ⟲ /Sanftrührstufe** einstellen und starten. Waage aktivieren und Spaghetti durch die Mixtopfdeckelöffnung einwiegen. Immer wieder langsam und vorsichtig nachschieben, bis die Spaghetti im Mixtopf verschwunden sind. Den Messbecher wieder aufsetzen.

Währenddessen etwas Öl in einer Pfanne erhitzen. Karotten, Kohl und Zwiebel scharf anbraten, mit braunem Zucker bestreuen und bei geringer Hitze einige Minuten garen. Nach Garzeitende restliches Olivenöl zugeben. Nudeln zu dem Gemüse in die Pfanne geben, mit Salz und Pfeffer abschmecken und vermengen. Mit Parmesan bestreut servieren.

3 Portionen (Pro Portion: 542 kcal | 63 g KH | 16 g EW | 23 g Fett)

KÜRBIS-RISOTTO mit Lachs

Mit Safran verfeinert!

Zutaten

50 g	Parmesan
250 g	Hokkaido-Kürbis
1	Schalotte
1	Knoblauchzehe
1 EL	Olivenöl
250 g	Risottoreis
100 g	Weißwein, trocken
500 g	Wasser
1 TL	Gemüsebrühpulver
0,2 g	Safran
1 TL	Salz
½ TL	Pfeffer, gem.
20 g	Butter
2	Lachsfilets (à 125 g)
etwas	Öl zum Anbraten
2 Scheiben Zitrone zum Garnieren	

Zubereitung

Parmesan am Stück **7 Sek./Stufe 7** reiben. Umfüllen.

Kürbis halbieren, aushöhlen und in Stücke schneiden. Zusammen mit der Schalotte und dem Knoblauch in den Mixtopf geben und **6 Sek./Stufe 5** zerkleinern. Öl zugeben und **5 Min./120°C/ /Stufe 1** dünsten.

Risottoreis zugeben und **2 Min./120°C/ /Stufe 1** dünsten. Weißwein zugeben und **1 Min./100°C/ /Stufe 1** ablöschen. Wasser, Gemüsebrühpulver und Gewürze zugeben und **15 Min./100°C/ /Stufe 1** kochen. In der Zwischenzeit die Lachsfilets in einer heißen Pfanne mit Öl unter Wenden braten.

Am Ende der Garzeit Butter und Parmesan zugeben und **1 Min./100°C/ /Stufe 1** unterrühren. Mit dem Lachs und den Zitronenscheiben zusammen servieren.

3 Portionen (Pro Portion: 686 kcal | 68 g KH | 31 g EW | 27 g Fett)

BAUERNSCHMAUS

mit Kassler

Tipp:
Haben Sie Speck-/Schwarten-
reste vom Fleisch übrig, so
geben Sie diese beim Dünsten
den Zwiebeln hinzu.

All-in-One!

Zutaten

2	Frühlingszwiebeln
20 g	Butter
250 g	Steckrübe
150 g	Karotten
2 TL	Gemüsebrühpulver
1.200 g	Wasser, lauwarm
2 Scheiben	Kassler-Karbonade (250 g)
1	Rauchwurst (100 g)
200 g	Kartoffeln, geschält
200 g	Garflüssigkeit
1 TL	Salz
1 TL	Pfeffer, gem.
1 Prise	Muskat, gem.

Zubereitung

Frühlingszwiebeln in Stücken in den Mixtopf geben und **5 Sek./Stufe 5** zerkleinern. Mit dem Spatel nach unten schieben. Butter zugeben und **2 Min./120°C/Stufe 1** dünsten.

Steckrübe und Karotten in Stücke schneiden und in den Gareinsatz geben. Gemüsebrühpulver darüber streuen und Wasser in den Mixtopf einwiegen. Kassler und Rauchwurst im Varoma verteilen. Mixtopfdeckel auflegen, Varoma aufsetzen und alles **20 Min./Varoma/Stufe 1** garen.

In der Zwischenzeit Kartoffeln in Stücke schneiden und auf dem Einlegeboden verteilen. Nach Ablauf der Zeit Einlegeboden in den Varoma setzen und weitere **25 Min./Varoma/Stufe 1** garen.

Nach Garzeitende Mixtopf leeren und dabei die Garflüssigkeit auffangen. Steckrübe, Karotten und Kartoffeln in den Mixtopf geben. 200 g Garflüssigkeit einwiegen sowie Gewürze zugeben und **4 Sek./Stufe 5** pürieren. Rübenmus zusammen mit Kassler und Rauchwurst servieren.

2 Portionen (Pro Portion: 630 kcal | 28 g KH | 34 g EW | 40 g Fett)

SCAMPI-PASTA

mit grünem Pesto

Tipp:

Statt Mangold können
Sie auch frischen Baby-
Spinat verwenden.

Zutaten

390 g	Wasser
1 TL	Salz
200 g	Spaghetti (z.B. No. 5, Barilla, 10 Min. Kochzeit)
125 g	Cocktailtomaten
25 g	roter Mangold
225 g	Garnelen, TK
60 g	Sahne

Für das Pesto:

10 g	Pinienkerne
60 g	Parmesan, in Stücken
1 Bund	Basilikum
2	Knoblauchzehen
½	Limette, Saft davon
30 g	Olivenöl

Zubereitung

Pinienkerne in einer Pfanne ohne Öl rösten, bis sie braun gefärbt sind. Auf einen Teller geben und abkühlen lassen. Parmesan im Mixtopf **8 Sek./Stufe 8** reiben. Umfüllen.

Für das Pesto Basilikum, Knoblauch und Pinienkerne im Mixtopf **3 Sek./Stufe 7** zerkleinern. Mit dem Spatel nach unten schieben. Limettensaft, Öl und 15 g Parmesan zufügen und **10 Sek./Stufe 6** vermengen. Umfüllen und Mixtopf NICHT spülen.

Wasser und Salz im Mixtopf **5 Min./100°C/Stufe 1** aufkochen. Messbecher abnehmen, Thermomix auf **10 Min./100°C/ / Sanftrührstufe** einstellen und starten. Waage aktivieren, Spaghetti durch die Deckelöffnung einwiegen. Immer wieder langsam und vorsichtig nachschieben, bis die Spaghetti im Mixtopf verschwunden sind. Messbecher wieder einsetzen. In der Zwischenzeit Tomaten waschen und halbieren. Mangold waschen und gut trocknen. Garnelen unter warmem Wasser auftauen.

Nach Garzeitende Mangold, Cocktailtomaten, Garnelen, restlichen Parmesan und Sahne zugeben und **4:30 Min./100°C/Sanftrührstufe** erwärmen. Pesto zugeben und **1 Min./100°C/ /Sanftrührstufe** vermengen.

3 Portionen (Pro Portion: 543 kcal | 54 g KH | 27 g EW | 24 g Fett)

LACHS-
BOWL
mit Kartoffeln

Tipp:
Statt Rucola können Sie
auch Feldsalat nehmen.

Zutaten

400 g	Kartoffeln (Drillinge od. Hochzeitskartoffeln)
1.200 g	Wasser
150 g	Räucherlachs
2 Handvoll Rucola	
160 g	Salatgurke
1	Avocado

Für das Dressing:

1 Handvoll Dill, entstielt	
2 EL	Zitronensaft
250 g	Naturjoghurt, 1,5% Fett
2 TL	Tafel-Meerrettich
1 EL	Apfelessig
1 TL	Salz
1 TL	Pfeffer, frisch gem.

Zubereitung

Dill im Mixtopf **3 Sek./Stufe 7** zerkleinern. Restliche Zutaten für das Dressing zugeben und **10 Sek./Stufe 4** vermengen. Umfüllen und Mixtopf spülen.

Gareinsatz einsetzen. Kartoffeln waschen und in den Gareinsatz einwiegen. Wasser zugeben und **25 Min./Varoma/Stufe 1** garen.

In der Zwischenzeit Lachs in große Stücke teilen, Rucola waschen, Gurke vierteln und in Scheiben schneiden. Avocado halbieren, entkernen und in Scheiben schneiden.

Nach Ende der Garzeit alles zusammen in zwei Schüsseln anrichten und mit dem Dressing servieren.

2 Portionen (Pro Portion: 550 kcal | 42 g KH | 31 g EW | 29 g Fett)

PILZ-GESCHNETZELTES

mit cremiger Frischkäsesauce

All-in-One!

Zutaten

1 TL	Thymian, getr.
1	Knoblauchzehe
15 g	Röstzwiebeln
10 g	Öl
2	Karotten (ca. 175 g)
150 g	Champignons
240 g	Schweineschnitzel
etwas	Salz, Pfeffer &
	Paprikapulver, rosenscharf
100 g	Reis, parboiled
1 TL	Gemüsebrühpulver
1.100 g	Wasser, lauwarm

Für die Sauce:

150 g	Garflüssigkeit
1 TL	Salz
½ TL	Pfeffer, gem.
½ TL	Paprikapulver, rosenscharf
50 g	Doppelrahm-Frischkäse
2 TL	Tomatenmark
1 TL	Speisestärke
1 EL	Wasser

Zubereitung

25

Thymian, Knoblauch und Röstzwiebeln im Mixtopf **3 Sek./Stufe 7** zerkleinern. Mit dem Spatel nach unten schieben. Öl zufügen und **2 Min./120°C/Stufe 1** dünsten.

Karotten schälen, halbieren und in Scheiben schneiden. Pilze putzen und in Scheiben schneiden. Karotten und Pilze in den Varoma geben. Schnitzel in Streifen schneiden und mit Salz, Pfeffer und Paprikapulver würzen. Fleisch auf dem Einlegeboden verteilen.

Gareinsatz einsetzen, Reis einwiegen und Gemüsebrühpulver darüber geben. Wasser einwiegen und Reis umrühren, sodass dieser gut gewässert ist. Mixtopfdeckel auflegen, Varoma aufsetzen und das Ganze **24 Min./Varoma/Stufe 1** garen. Nach Garzeitende Gareinsatz herausnehmen und Mixtopf leeren, dabei 150 g Garflüssigkeit auffangen. Varoma-Inhalt und Reis warm halten.

Garflüssigkeit und alle Zutaten für die Sauce (außer Speisestärke & Wasser) zugeben und **2:30 Min./100°C/Stufe 1** erhitzen. In der Zwischenzeit Speisestärke mit Wasser in einer Tasse vermengen. Speisestärke-Gemisch zugeben und **1:30 Min./100°C/Stufe 3** andicken. Alles zusammen servieren.

2 Portionen (Pro Portion: 525 kcal | 54 g KH | 31 g EW | 18 g Fett)

FILET-PFÄNNCHEN

mit Spätzle

Tipp:
Statt Spätzle können Sie auch Bandnudeln, Gnocchi oder Schupfnudeln verwenden.

Zutaten

300 g	Spätzle (aus der Kühltheke)			
200 g	weiße Champignons			
350 g	Schweinefilet			
etwas	Öl zum Anbraten			
1	Frühlingszwiebel			

*Alkoholfreie Variante:
Weißwein können Sie
durch Wasser ersetzen.

Für die Sauce:

1	Knoblauchzehe
1	Zwiebel, halbiert
10 g	Öl
400 g	Wasser, lauwarm
1 TL	Gemüsebrühpulver
1 TL	Salz
1 TL	Pfeffer, gem.
1 Prise	Zucker
150 g	Sahne
20 g	Weißwein, trocken*
1 EL	Zitronensaft
1 TL	Senf, mittelscharf
1 EL	Speisestärke
1 EL	Wasser

Zubereitung

Spätzle im Varoma verteilen. Champignons putzen, in Scheiben schneiden
und auf dem Einlegeboden verteilen.

Knoblauch und Zwiebel in den Mixtopf geben und **5 Sek./Stufe 5** zerkleinern. Öl zugeben und
2 Min./120°C/Stufe 1 dünsten. Wasser, Gewürze und Zucker in den Mixtopf zugeben.
Mixtopfdeckel auflegen, Varoma aufsetzen und **25 Min./Varoma/Stufe 1** garen.

In der Zwischenzeit Speisestärke mit Wasser in einer Tasse verrühren. Schweinefilet in dicke
Scheiben schneiden. Kurz vor Ende der Garzeit etwas Öl in einer Pfanne erhitzen und die
Medaillons scharf anbraten. Bei mittlerer Hitze fertig braten. Nach Garzeitende Varoma
abnehmen und warm halten.

Restliche Zutaten für die Sauce zugeben und **2:30 Min./80°C/Stufe 3** erwärmen.
Schweinemedaillons mit Spätzle, Champignons und Sauce servieren.
Wer möchte, kann noch Frühlingszwiebelringe darüber streuen.

2 Portionen (Pro Portion: 839 kcal | 54 g KH | 50 g EW | 45 g Fett)

SCHLEMMER-HUHN

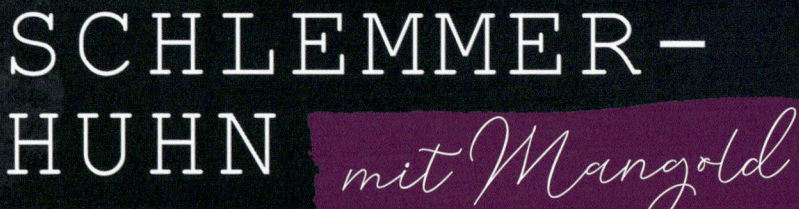
mit Mangold

Tipp:
Mangold können
Sie auch durch frischen
Spinat ersetzen.

All-in-One!

Zutaten

250 g	Hähnchenbrustfilet
etwas	Salz & Pfeffer
125 g	Reis, parboiled
1 TL	Gemüsebrühpulver
1.100 g	Wasser, lauwarm

Für die Sauce:

15 g	getr. Tomaten (ohne Öl), in Streifen geschnitten
2	Knoblauchzehen
1	Zwiebel, halbiert
1 Handvoll Basilikum	
10 g	Öl
120 g	Sahne
140 g	Garflüssigkeit
1 TL	Paprikapulver, edelsüß
1 TL	Kräuter der Provence, getr.
2 TL	Salz
1 TL	Pfeffer, gem.
50 g	roter Mangold
1 EL	Speisestärke
1 EL	Wasser
25 g	Parmesan, gerieben

Zubereitung

Hähnchenbrustfilets in dicke Scheiben schneiden und auf dem Einlegeboden verteilen. Mit etwas Salz und Pfeffer würzen.

Gareinsatz in den Thermomix einsetzen und Reis einwiegen. Gemüsebrühpulver darauf geben und Wasser einwiegen. Mixtopfdeckel auflegen, Varoma aufsetzen und alles **24 Min./Varoma/Stufe 1** garen. Nach Garzeitende Gareinsatz herausnehmen und Mixtopf leeren, dabei 140 g Garflüssigkeit auffangen. Hähnchenbrust und Reis warm halten.

Getrocknete Tomaten, Knoblauch, Zwiebel und Basilikum in den Mixtopf geben und **5 Sek./Stufe 5** zerkleinern. Öl zugeben und **2 Min./120°C/Stufe 1** dünsten. Restliche Zutaten (außer Stärkegemisch & Parmesan) zufügen und **4 Min./100°C/Stufe 1** erwärmen. In der Zwischenzeit Speisestärke und Wasser in einer Tasse verrühren. Mit dem Parmesan zugeben und weitere **2 Min./90°C/ ⟲ /Stufe 3** garen. Alles zusammen servieren.

2 Portionen (Pro Portion: 680 kcal | 60 g KH | 42 g EW | 30 g Fett)

Hähnchen-
QUINOA-BOWL

mit Spinat & Granatapfel

All-in-One!

Zutaten

280 g	Hähnchenbrustfilet
etwas	Salz & Pfeffer
1 TL	Kräuter der Provence, getr.
1 TL	Öl
150 g	Süßkartoffel
1.200 g	Wasser, lauwarm
1 TL	Öl
50 g	bunte Quinoa
100 g	Baby-Blattspinat
½	Granatapfel, Kerne davon
100 g	Feta

Für das Dressing:

1 Handvoll	Basilikum
25 g	Olivenöl
20 g	Apfelessig
15 g	Honig
1 TL	Senf, mittelscharf
½	Limette, Saft davon (15 g)
etwas	Salz & Pfeffer
1 Prise	Kardamom, gem.

Zubereitung

31

Hähnchenbrust in Würfel schneiden und in eine Schüssel geben. Mit Salz, Pfeffer, Kräutern und Öl vermengen. Süßkartoffel in Würfel schneiden und im Varoma verteilen.

Wasser und Öl in den Mixtopf geben. Quinoa in ein feines Sieb einwiegen und gut spülen. In den Gareinsatz umfüllen und in den Mixtopf einsetzen. Mixtopf verschließen.

Mariniertes Fleisch auf den Einlageboden geben und zusammen mit dem Varoma aufsetzen. **20 Min./Varoma/Stufe 1** garen. Währenddessen Spinat waschen und Feta in Würfel schneiden. Am Ende der Garzeit Quinoa und Varoma beiseitestellen. Mixtopf leeren.

Basilikum in den Mixtopf geben und **5 Sek./Stufe 5** zerkleinern. Restliche Zutaten für das Dressing zugeben und **10 Sek./Stufe 4** vermengen. Hähnchenbrust, Quinoa und Süßkartoffeln, Spinat und Feta auf zwei Schüsseln aufteilen. Granatapfelkerne darüber streuen und zusammen mit dem Dressing servieren.

2 Portionen (Pro Portion: 642 kcal | 47 g KH | 47 g EW | 29 g Fett)

Karotten-Kohlrabi-

EINTOPF

Tipp:

Sie können auch Wiener Würstchen statt Cabanossi verwenden.

One-Pot!

Zutaten

1-2	Karotten (120 g)
1-2	Pastinaken (100 g)
150 g	Cabanossi
3	Kartoffeln (140 g)
1	Kohlrabi (200 g)
1	kl. Zwiebel, halbiert
1	Knoblauchzehe
20 g	Öl
25 g	Weißwein, trocken*
550 g	Wasser, lauwarm
2 TL	Gemüsebrühpulver
je ½ TL	Pfeffer & Muskat, gem.
½ EL	Gartenkräuter, frisch oder TK
100 g	Doppelrahm-Frischkäse

Mit Pastinake, Kartoffeln und Cabanossi!

*Alkoholfreie Variante: Weißwein können Sie durch Wasser ersetzen.

33

Zubereitung

Karotten, Pastinaken und Cabanossi in Scheiben schneiden. Kartoffeln und Kohlrabi in Würfel schneiden.

Zwiebel und Knoblauch im Mixtopf **5 Sek./Stufe 5** zerkleinern. Mit dem Spatel nach unten schieben. Karotten, Pastinaken, Cabanossi und Öl zugeben und **3:30 Min./120°C/ /Stufe 1** dünsten. Mit Weißwein ablöschen. Wasser, Gewürze, Kartoffeln und Kohlrabi zugeben und **20 Min./100°C/ /Sanftrührstufe** garen.

Gartenkräuter und Frischkäse zugeben und **3:30 Min./100°C/ /Sanftrührstufe** erhitzen. Auf zwei Teller aufteilen und servieren.

2 Portionen (Pro Portion: 589 kcal | 30 g KH | 19 g EW | 41 g Fett)

Tipp:
Dazu passt super
ein gemischter
Salat.

Zutaten

400 g	Kartoffeln
1.000 g	Wasser, lauwarm
80 g	Kochschinken
80 g	Salami
100 g	Bergkäse, in Stücken
200 g	Crème fraîche
1 TL	Salz
1 TL	Pfeffer, gem.
1 TL	Pizzagewürz
etwas	Chiliflocken

Wenn's schnell gehen muss!

Zubereitung

Kartoffeln putzen, halbieren und in den Gareinsatz geben. Wasser einwiegen und **25 Min./Varoma/Stufe 1** garen. Auf ein mit Backpapier
belegtes Backblech legen und Garflüssigkeit weggießen. Backofen auf
160°C Umluft vorheizen.

Salami und Kochschinken aufrollen und zwischen die Messer stellen. Käse
hinzugeben und **5 Sek./Stufe 5** zerkleinern. Restliche Zutaten hinzugeben
und **5 Sek./ /Stufe 3** vermengen. Masse auf die Kartoffeln streichen und
im vorgeheizten Backofen 8-10 Min. backen.

3 Portionen (Pro Portion: 547 kcal | 23 g KH | 23 g EW | 39 g Fett)

GEMÜSETELLER

"Provencial"

Tipp:

Sie können das Gemüse auch variieren und z.B. Bohnen und Aubergine verwenden.

Mit provenzalischer Sauce!

All-in-One!

Zutaten

½	rote Paprika (140 g)
90 g	Champignons
½	Zucchini (70 g)
150 g	Zuckerschoten
1 EL	Kräuter der Provence, getr.
150 g	Feta
125 g	Zartweizen (Ebly®)
1 EL	Gemüsebrühpulver
1.000 g	Wasser

Für die Sauce:

1	Zwiebel, halbiert
1	Knoblauchzehe
10 g	Öl
180 g	Garflüssigkeit
40 g	Crème fraîche
30 g	Ajvar, scharf
30 g	Tomatenmark
½ TL	Salz
1 TL	Gemüsebrühpulver
1 TL	Kräuter der Provence, getr.
1 geh. TL	Speisestärke

Zubereitung

Paprika in Stücke schneiden, Pilze und Zucchini in Scheiben scheiden. Zusammen mit den Zuckerschoten in den Varoma geben und mit Kräutern der Provence würzen. Feta in Würfel schneiden und auf dem Einlegeboden verteilen. **Achtung:** Ausreichend Schlitze frei lassen für den Dampf!

Gareinsatz einsetzen. Zartweizen in den Mixtopf einwiegen. Gemüsebrühpulver darüber geben und mit Wasser übergießen. Darauf achten, dass der Zartweizen gut gewässert wurde. Mixtopf-deckel auflegen, Varoma aufsetzen und das Ganze **20 Min./Varoma/Stufe 1** garen.

Nach Garzeitende Varoma abnehmen und beiseitestellen. Gareinsatz herausnehmen, Mixtopf leeren und dabei Garflüssigkeit auffangen. Für die Sauce Zwiebel und Knoblauch im Mixtopf **5 Sek./Stufe 5** zerkleinern. Öl zugeben und **2 Min./120°C/Stufe 1** dünsten.

Restliche Zutaten für die Sauce zugeben (inkl. Garflüssigkeit) und **3:30 Min./90°C/Stufe 3** erhitzen. Alles zusammen servieren.

2 Portionen (Pro Portion: 645 kcal | 68 g KH | 29 g EW | 27 g Fett)

MINI-PUTENRÖLLCHEN

mit Gartengemüse

Zutaten

All-in-One!

1 Handvoll Basilikum

15 g	getr. Tomaten (Softtomaten)
1	Knoblauchzehe
40 g	Doppelrahm-Frischkäse
2	Putenschnitzel (je ca. 160-180 g)
etwas	Salz, Pfeffer und Paprikapulver, rosenscharf
120 g	Brokkoli
100 g	rote Paprika
80 g	Zucchini
270 g	Kartoffeln
1 TL	Gemüsebrühpulver
1.200 g	Wasser, lauwarm

Für die Sauce:

220 g	Garflüssigkeit
30 g	gegartes Gemüse
1 TL	Gartenkräuter, TK
½ TL	Paprikapulver, rosenscharf
1 TL	Salz
etwas	Pfeffer, gem.
20 g	Speisestärke
100 g	Crème fraîche

Zubehör: einige Zahnstocher

Zubereitung

Für die Füllung Basilikum, Tomaten und Knoblauch im Mixtopf **6 Sek./Stufe 8** zerkleinern. Mit dem Spatel nach unten schieben. Frischkäse zugeben und **6 Sek./Stufe 3** vermengen. Putenschnitzel ggf. der Länge nach halbieren. Mit Salz, Pfeffer und Paprikapulver würzen und mit der Füllung bestreichen. Aufrollen und mit Zahnstochern fixieren. Röllchen auf den Einlegeboden geben. Brokkoli in Röschen, Paprika in Stücke und Zucchini in Scheiben schneiden und in den Varoma geben.

Gareinsatz einsetzen. Kartoffeln in Stücke schneiden und in den Gareinsatz einwiegen. Gemüsebrühpulver darüber geben und mit Wasser übergießen. Mixtopfdeckel auflegen, Varoma aufsetzen und das Ganze **28 Min./Varoma/Stufe 1** garen.

Nach Garzeitende Varoma und Gareinsatz beiseitestellen und warm halten. Mixtopf leeren und dabei die Garflüssigkeit auffangen. 220 g Garflüssigkeit wieder in den Mixtopf einwiegen. Restliche Zutaten für die Sauce (außer Crème fraîche) zugeben und **3 Min./90°C/Stufe 3** erhitzen. Crème fraîche zugeben und **7 Sek./Stufe 4** unterrühren.

2 Portionen (Pro Portion: 576 kcal | 40 g KH | 48 g EW | 23 g Fett)

39

PUTENCURRY

„Clementine" mit Reis

All-in-One!

Zutaten

270-300 g Putenschnitzel
etwas   Salz, Pfeffer und
         Paprikapulver, rosenscharf
150 g   weiße Champignons
1 Dose   Mandarin-Orangen
         (Abtr.gew. 175 g)
100 g   Reis, parboiled
1 TL   Gemüsebrühpulver
1.200 g Wasser, lauwarm

einige   Schnittlauchröllchen

Für die Sauce:

30 g   Garflüssigkeit
100 g   Mascarpone
20 g   Mandarinensaft (Dose)
½ TL   Currypulver
1 TL   Gemüsebrühpulver
etwas   Pfeffer, gem.

41

Zubereitung

Putenschnitzel in Streifen schneiden. Mit Salz, Pfeffer und Paprikapulver würzen und in den Varoma geben. Champignons in Scheiben schneiden und darauf verteilen. Mandarinen abtropfen lassen, dabei 20 g Saft auffangen und beiseitestellen. Mandarinen auf dem Einlegeboden verteilen.

Gareinsatz in den Mixtopf einsetzen und Reis einwiegen. Gemüsebrühpulver und Wasser darüber geben und Reis gut wässern. Mixtopfdeckel auflegen, Varoma aufsetzen und alles **23 Min./Varoma/Stufe 1** garen.

Nach Garzeitende Varoma-Inhalt und Reis warm halten. Mixtopf leeren und dabei 30 g Garflüssigkeit auffangen. Diese zurück in den Mixtopf geben. Restliche Zutaten für die Sauce (außer Schnittlauch) zugeben und **2 Min./80°C/Stufe 1** garen. Alles zusammen mit Schnittlauch bestreut servieren.

2 Portionen (Pro Portion: 588 kcal | 53 g KH | 40 g EW | 22 g Fett)

SCHWEINEFILET

im *Speckmantel*

Mit Pilz-Rahm-Sauce

Tipp:
Schmeckt auch mit
Spätzle oder Gnocchi.

All-in-One!

Zutaten

340 g	Schweinefilet
4 Scheiben Schwarzwälder Schinken	
125 g	braune Champignons
180-200 g Tagliatelle (Kühltheke)	
1.000 g	Wasser, lauwarm

*Alkoholfreie Variante:
Statt Weißwein können Sie auch
mehr Garflüssigkeit verwenden.

Für die Sauce:

1	Zwiebel, halbiert
1	Knoblauchzehe
10 g	Öl
120 g	Garflüssigkeit
100 g	Sahne
25 g	Weißwein, trocken*
1 TL	Senf, mittelscharf
1 EL	Tomatenmark
½ TL	Salz
½ TL	Pfeffer, gem.
1 TL	Paprikapulver, edelsüß
1 gestr. EL Speisestärke	
2 EL	Wasser

43

Zubereitung

Schweinefilet in 4 Stücke schneiden und mit je einer Scheibe Schinken umwickeln. Mit der Naht nach unten auf den Einlegeboden geben. Champignons in Scheiben schneiden und neben dem Fleisch verteilen. Bandnudeln in den Varoma geben.

Wasser in den Mixtopf einwiegen und Mixtopfdeckel auflegen. Varoma aufsetzen und das Ganze **24 Min./Varoma/Stufe 1** garen. Am Ende der Garzeit Varoma beiseitestellen und warm halten. Mixtopf leeren und Garflüssigkeit auffangen.

Zwiebel und Knoblauch im Mixtopf **5 Sek./Stufe 5** zerkleinern. Öl zugeben und **2 Min./120°C/Stufe 1** dünsten. Restliche Zutaten (außer Speisestärke & Wasser) zugeben und **3 Min./100°C/Stufe 1** erhitzen. In der Zwischenzeit Speisestärke mit Wasser in einer Tasse anrühren und zugeben. Weitere **2 Min./90°C/Stufe 3** erhitzen. Alles zusammen servieren.

2 Portionen (Pro Portion: 668 kcal | 42 g KH | 51 g EW | 31 g Fett)

HÄHNCHEN

"*Caprese*" mit Gnocchi

All-in-One!

Zutaten

2	Hähnchenbrustfilets (à 140-150 g)
2	Rispentomaten
125 g	Mozzarella
etwas	Salz, Pfeffer und Paprikapulver, rosenscharf
6	Basilikumblätter
300 g	Gnocchi (Kühltheke)
1.200 g	Wasser, lauwarm
1 EL	Gemüsebrühpulver

Für die Sauce:

150 g	Garflüssigkeit
75 g	Sahne
75 g	Schmand
25 g	Ajvar, scharf
90 g	geröstete Paprika, aus dem Glas
1 TL	Zitronensaft
1 gestr. EL	Speisestärke
etwas	Salz & Pfeffer
½ TL	Paprikapulver, rosenscharf

45

Zubereitung

Hähnchenbrustfilets je 3-mal tief einschneiden. Rispentomaten halbieren und jede Hälfte in zwei Scheiben schneiden. Mozzarella in 6 Scheiben schneiden. Fleisch mit Salz, Pfeffer und Paprikapulver würzen und jeden Schlitz mit je einer Scheibe Tomate, einer Scheibe Mozzarella und einem Basilikumblatt füllen. Hähnchenbrustfilets auf den Einlegeboden geben. Gnocchi im Varoma verteilen.

Wasser in den Mixtopf einwiegen und Gemüsebrühpulver zugeben. Mixtopfdeckel auflegen, Varoma aufsetzen und alles **22 Min./Varoma/Stufe 1** garen.

Nach Garzeitende Varoma beiseitestellen und warm halten. Mixtopf leeren und dabei die Garflüssigkeit auffangen. 150 g Garflüssigkeit wieder in den Mixtopf einwiegen, restliche Zutaten für die Sauce zugeben und **10 Sek./Stufe 10** pürieren. Sauce anschließend **3:30 Min./90°C/Stufe 3** erhitzen. Alles zusammen servieren.

2 Portionen (Pro Portion: 798 kcal | 59 g KH | 54 g EW | 36 g Fett)

RUMPSTEAK

in cremiger Senfsauce

Mit bunten Gemüse!

Zutaten

70 g	Zucchini
70 g	Paprika
70 g	Champignons
70 g	Brechbohnen
70 g	Mais (Dose)
70 g	Zuckerschoten
280 g	Kartoffeln
800 g	Wasser, lauwarm
1 TL	Gemüsebrühpulver
etwas	Paprikapulver, rosenscharf

Für die Sauce:

1	Knoblauchzehe
1	kl. Zwiebel, halbiert
20 g	Butter
20 g	Mehl
125 g	Sahne
100 g	Garflüssigkeit
30 g	Weißwein, trocken*
1 ½ EL	Senf, körnig
1 TL	Zitronensaft
ewas	Salz & Pfeffer

*Alkoholfreie Variante: Statt Weißwein können Sie auch mehr Garflüssigkeit oder Sahne verwenden.

Außerdem:

2	Rumpsteaks (à 180-200 g)
etwas	Butterschmalz zum Braten

Zubereitung

47

Gemüse putzen, Zucchini, Paprika und Champignons in Scheiben schneiden. Bohnen in Stücke brechen. Das Gemüse inkl. Mais und Zuckerschoten in den Varoma geben. Geschälte Kartoffeln in Scheiben schneiden und in den Gareinsatz einfüllen. Wasser und Gemüsebrühpulver in den Thermomix einwiegen, Gareinsatz einsetzen und Varoma aufsetzen. **25 Min./Varoma/Stufe 1** garen.

100 g der Garflüssigkeit auffangen, den Rest weggießen. Gemüse und Kartoffeln beiseite-stellen und warm halten. Knoblauch und Zwiebel in den Mixtopf geben und **5 Sek./Stufe 5** zerkleinern. Butter zugeben und **2 Min./120°C/Stufe 2** dünsten. Mehl zugeben und **1 Min./100°C/Stufe 2** anschwitzen. Restliche Zutaten für die Sauce zugeben und **4 Min./80°C/Stufe 3** erhitzen.

In der Zwischenzeit Butterschmalz in eine heiße Pfanne geben und die Steaks von beiden Seiten scharf anbraten. Bei mittlerer Temperatur zu Ende garen. Die Kartoffeln auf 2 Tellern verteilen und mit etwas Paprikapulver würzen. Gemüse und Steaks anrichten und mit der Sauce zusammen servieren.

2 Portionen (Pro Portion: 826 kcal | 45 g KH | 52 g EW | 46 g Fett)

Pilzrahm-Schupfnudel-
PFANNE

Zutaten

250 g	weiße Champignons
1	Zwiebel, halbiert
1	Knoblauchzehe
25 g	Butter
10 g	Mehl
200 g	Kochsahne
1 TL	Senf, mittelscharf
½ TL	Salz
½ TL	Pfeffer, gem.
400 g	Schupfnudeln (Kühltheke)
etwas	Öl zum Anbraten
1-2	Frühlingszwiebeln

49

Zubereitung

Champignons in Scheiben schneiden. Zwiebel und Knoblauch in den Mixtopf geben und **5 Sek./Stufe 5** zerkleinern.

Butter und 50 g Champignons mit in den Mixtopf geben und **4:30 Min./120°C/Stufe 1** dünsten. Mehl zugeben und **1 Min./120°C/Stufe 1** anschwitzen. Kochsahne, Senf und Gewürze hinzufügen und **4 Min./90°C/Stufe 3** kochen.

Eine Pfanne mit etwas Öl erhitzen und Schupfnudeln scharf anbraten. Champignons zugeben und garen. Zusammen mit der Sauce servieren. Mit Frühlingszwiebelringen bestreut servieren.

2 Portionen (Pro Portion: 670 kcal | 73 g KH | 14 g EW | 33 g Fett)

LACHSSPIESSE

All-in-One!

Zutaten

½	rote Paprika (70 g)
1	kleine Zucchini (100 g)
4	braune Champignons
2	Lachsfilets (à 125 g)
2 TL	Kräuter der Provence, getr.
etwas	Salz & Pfeffer
300 g	Kartoffeln
1 TL	Gemüsebrühpulver
1.200 g	Wasser, lauwarm

Zubehör: 4 Holzspieße

Für die Sauce:

1	Knoblauchzehe
1 Handvoll Dill	
10 g	Olivenöl
50 g	Garflüssigkeit
80 g	Schmand
50 g	Doppelrahm-Frischkäse
10 g	Senf, mittelscharf
10 g	Honig
1 TL	Zitronensaft
etwas	Salz & Pfeffer

Zubereitung

Paprika und Zucchini in je 6 Stücke schneiden. Champignons halbieren und Lachs in Stücke schneiden. Alles bunt gemischt auf die Spieße stecken und in den Varoma legen. Mit Kräutern der Provence sowie Salz und Pfeffer würzen.

Kartoffeln in Stücke schneiden. In den Gareinsatz geben, Gemüsebrühpulver darüber geben und Wasser einwiegen. **25 Min./Varoma/Stufe 1** garen.

Am Ende der Garzeit Varoma und Kartoffeln warm halten und den Mixtopf leeren. Dabei 50 g Garflüssigkeit auffangen und beiseitestellen. Knoblauch und Dill im Mixtopf **5 Sek./Stufe 7** zerkleinern. Mit dem Spatel nach unten schieben. Öl zugeben und **2 Min./120°C/Stufe 1** dünsten. Restliche Zutaten zugeben und **2 Min./90°C/Stufe 2.5** erhitzen. Spieße mit den Kartoffeln und der Sauce servieren.

2 Portionen (Pro Portion: 664 kcal | 33 g KH | 33 g EW | 40 g Fett)

SPARGEL

mit Bärlauch-Hollandaise

Tipp:
Außerhalb der
Bärlauch-Saison
können Sie auch
Basilikum verwenden.

All-in-One!

Zutaten

500 g	weißer Spargel, geschält
etwas	Salz und Zucker
300 g	Kartoffeln
1.200 g	Wasser, lauwarm
350-400 g	Katenschinken

Für die Hollandaise:

50 g	Butter
30 g	Weißwein, trocken
1 TL	Limettensaft
2	Eigelb
½ TL	Zucker
½ TL	Salz
1 Prise	Pfeffer, gem.
40 g	Sahne
1 Handvoll Bärlauch

Zubereitung

Spargel in den Varoma legen und mit Salz und Zucker würzen. Kartoffeln in Stücke schneiden. In den Gareinsatz geben und Wasser in den Mixtopf einwiegen. Mixtopfdeckel auflegen, Varoma aufsetzen und alles **25-30 Min./Varoma/Stufe 1** garen. (Die Garzeit variiert je nach Dicke des Spargels.)

In der Zwischenzeit den Schinken in Würfel schneiden und Bärlauch für die Hollandaise hacken. Nach Garzeitende Mixtopf leeren und Kartoffeln und Spargel warm halten.

Alle Zutaten für die Hollandaise (außer Bärlauch) in den Mixtopf geben und **5 Min./80°C/Stufe 4** erhitzen. In der letzten Minute den Bärlauch durch die Deckelöffnung in den Mixtopf zugeben. Alles zusammen servieren.

3 Portionen (Pro Portion: 607 kcal | 21 g KH | 34 g EW | 42 g Fett)

Feierabend-
TORTELLINI
in Tomaten-Schinken-Sauce

All-in-One!

Zutaten

300 g	Tortellini mit Ricotta-Tomaten-Füllung (Kühltheke)
200 g	Rispentomaten
1	kl. Zwiebel, halbiert
1	Knoblauchzehe
10 g	Öl
100 g	Wasser

200 g	passierte Tomaten
½ TL	Pfeffer, gem.
1 Prise	Zucker
1 TL	Kräuter der Provence, getr.
100 g	Katenschinken (2 dickere Scheiben)
70 g	Doppelrahm-Frischkäse
60 g	Mozzarellabällchen

55

Zubereitung

Tortellini in den Varoma geben. Tomaten vierteln und auf dem Einlegeboden verteilen.

Zwiebel und Knoblauch im Mixtopf **5 Sek./Stufe 5** zerkleinern. Mit dem Spatel nach unten schieben. Öl zugeben und **2 Min./120°C/Stufe 1** dünsten. Wasser, passierte Tomaten und Gewürze zugeben und **20 Min./Varoma/Stufe 1** garen. In der Zwischenzeit den Katenschinken in Würfel schneiden.

Nach Garzeitende Schinken, Frischkäse und Mozzarellabällchen zugeben und **2 Min./ ↺ /100°C/Stufe 2** vermengen. Zusammen mit den Tortellini und Tomaten servieren.

2 Portionen (Pro Portion: 709 kcal | 53 g KH | 36 g EW | 38 g Fett)

GREEN VEGGIE-CURRY

mit Tomaten & Spinat

All-in-One!

Zutaten

160 g	Brokkoli
400 g	Rispentomaten
125 g	Basmatireis
1 TL	Gemüsebrühpulver
1.200 g	Wasser, lauwarm

Garam Masala ist eine indische Gewürzmischung unter anderem mit Koriander, Nelken und Kardamom

Für die Sauce:

1	Knoblauchzehe
1	kl. Zwiebel, halbiert
10 g	Öl
100 g	Garflüssigkeit
150 g	Kokosmilch, cremig
½ TL	Salz
½ TL	Gemüsebrühpulver
1 TL	Garam Masala*
1 TL	Kurkuma, gem.
1 Prise	Paprikapulver, edelsüß
1 TL	Speisestärke
45 g	Baby-Spinat

57

Zubereitung

Brokkoli in Röschen schneiden und in den Varoma geben. Tomaten vierteln und auf dem Einlegeboden verteilen. Gareinsatz in den Mixtopf einsetzen und Reis einwiegen. Gemüsebrühpulver darüber geben und Wasser einwiegen, dabei den Reis gut wässern. Varoma aufsetzen und das Ganze **22 Min./Varoma/Stufe 1** garen. Am Ende der Garzeit Varoma und Reis warm halten. Mixtopf leeren und dabei 100 g Garflüssigkeit auffangen.

Knoblauch und Zwiebel in den Mixtopf geben und **5 Sek./Stufe 5** zerkleinern. Öl zugeben und **2 Min./120°C/Stufe 1** dünsten. Garflüssigkeit und alle restlichen Zutaten für die Sauce zugeben und **4:30 Min./90°C/ /Stufe 3** aufkochen. Zusammen mit dem Gemüse und Reis anrichten und servieren.

2 Portionen (Pro Portion: 709 kcal | 53 g KH | 36 g EW | 38 g Fett)

WÜRSTCHEN-CHILI

"Mexican Style"

Tipp:
Wer es gerne schärfer mag,
gibt noch 1-2 Spritzer
Tabasco zu den Gewürzen.

One-Pot!

Zutaten

1	Zwiebel, halbiert
1	kl. rote Chilischote, entkernt
1	Knoblauchzehe
250 g	Wiener Würstchen
15 g	Öl
1 Dose	Tomaten, stückig (400 g)
1 Dose	Texas Mix (Abtr.gew. 265 g)
2 EL	Tomatenmark
1 TL	Paprikapulver, rosenscharf
1 Prise	Zucker
1 TL	Salz
½ TL	Oregano, gerebelt
½ TL	Pfeffer, gem.
100 g	Reis, parboiled
350 g	Wasser, lauwarm

Zubereitung

Zwiebel, Chilischote und Knoblauch im Mixtopf **5 Sek./Stufe 5** zerkleinern. Mit dem Spatel nach unten schieben. Würstchen in Scheiben schneiden und zugeben. Öl zugeben und **4 Min./120°C/ /Stufe 1** dünsten. Tomaten, Texas Mix, Tomatenmark und Gewürze zugeben.

Gareinsatz einsetzen und Reis einwiegen. Wasser einfüllen und Reis dabei gut wässern. Alles **26 Min./Varoma/ /Stufe 0.5** garen. Gareinsatz herausnehmen und Chili mit Reis servieren.

3 Portionen (Pro Portion: 559 kcal | 43 g KH | 16 g EW | 34 g Fett)

Vom Blech:
OFENHÄHNCHEN
mit Kräutermarinade

Tipp:
Wer möchte, kann
noch etwas Parmesan
darüber reiben.

*Mit Kürbis
& Gnocchi!*

Zutaten

2	Hähnchenbrustfilets (je ca. 150 g)
200 g	Hokkaidokürbis
100 g	Champignons
6	Rispentomaten
200 g	Gnocchi

Für die Marinade:

1	Knoblauchzehe
1 Handvoll	Majoran
1 Handvoll	Basilikum
1 TL	Zitronensaft
1 TL	Kräuter der Provence, getr.
1 EL	Tomatenmark
1 EL	Ajvar, scharf
20 g	Olivenöl
20 g	Wasser
1 TL	Salz
½ TL	Pfeffer, frisch gem.
1 TL	Paprikapulver, edelsüß
¼ TL	Muskat, gem.

61

Zubereitung

Zuerst die Marinade herstellen. Knoblauch, Majoran und Basilikum in den Mixtopf geben und **5 Sek./Stufe 7** zerkleinern. Restliche Zutaten für die Marinade zugeben und **8 Sek./Stufe 4** vermengen. Backofen auf 200°C Ober-/Unterhitze vorheizen.

Hähnchenbrustfilets auf ein mit Backpapier belegtes Backblech geben und mit einem Teil der Marinade bestreichen.

Kürbis in Stücke schneiden. Champignons und Tomaten vierteln. Zusammen mit den Gnocchi in eine Schüssel geben, restliche Marinade dazu geben und gut vermengen. Zu dem Fleisch auf das Backblech geben und im vorgeheizten Backofen 35 Min. garen.

2 Portionen (Pro Portion: 508 kcal | 43 g KH | 44 g EW | 15 g Fett)

GYROS-TELLER

All-in-One!

Zutaten

300 g	Schweineschnitzel
1 EL	Öl
¾ TL	Paprikapulver, edelsüß
etwas	Salz & Pfeffer
1	rote Spitzpaprika (ca. 85 g)
1	kl. Zucchini (ca. 160 g)
1 TL	ital. Kräuter, getr.
1	kl. rote Zwiebel
100 g	Kritharaki
1 TL	Salz
1.200 g	Wasser, lauwarm

Für die Sauce:

20 g	Sahne
100 g	Schmand
10 g	Weinbrand
20 g	Ajvar, scharf
1 Prise	Zucker
etwas	Salz & Pfeffer

63

Zubereitung

Schnitzel in Streifen schneiden. Fleisch in eine Schüssel geben und mit Öl, Paprikapulver, Salz und Pfeffer vermengen. Spitzpaprika und Zucchini in mundgerechte Stücke schneiden, mit italienischen Kräutern würzen und in den Varoma geben. Mariniertes Fleisch auf dem Einlegeboden verteilen. Zwiebel in Ringe schneiden und darauf geben.

Gareinsatz in den Mixtopf einsetzen und Kritharaki einwiegen. Salz und Wasser in den Mixtopf geben. Mixtopfdeckel auflegen, Varoma aufsetzen und alles **20 Min./Varoma/Stufe 1** garen.

Nach Garzeitende Kritharaki sowie Gemüse und Fleisch warm halten. Mixtopf leeren. Alle Zutaten für die Sauce in den Mixtopf geben und **3 Min./100°C/Stufe 2** garen. Alles zusammen servieren.

2 Portionen (Pro Portion: 600 kcal | 49 g KH | 37 g EW | 26 g Fett)

Schoko-Minz-
PUDDING

Zutaten

50 g	Schoko-Minz-Tafeln (z.B. After Eight)
120 g	Milch, 1,5%
130 g	Sahne
10 g	Backkakao
1 TL	Vanillezucker
20 g	Speisestärke

ein paar Schokostreusel
zum Dekorieren

Zubereitung

Schokotafeln in den Mixtopf geben und **5 Sek./Stufe 7** zerkleinern. Milch und Sahne zugeben und **3 Min./100°C/Stufe 1** schmelzen.

Rühreinsatz einsetzen. Restliche Zutaten zugeben und **2:40 Min/100°C/Stufe 3** aufkochen.

In Schüsseln umfüllen und im Kühlschrank 20 Min. abkühlen lassen.

2 Portionen
(Pro Portion: 408 kcal | 38 g KH | 5 g EW | 25 g Fett)